The Blue Book of Legal Terminology

English-Spanish

LEGAL Glossary

José Luis Leyva

PREFACE

The purpose of this book is not only to serve as an English-Spanish
reference work to look up a term when needed, but also as a guide to
learn the most frequently used legal terms. Learn just a few terms
every day, and soon you will be acquainted with the most common
legal terminology in English and Spanish.

PREFACIO

El propósito de esta publicación –aparte de servir como obra de
referencia donde se puedan consultar términos jurídicos cuando sea
necesario- es poner al alcance del lector una sencilla guía con la que
pueda familiarizarse con los términos jurídicos que más
frecuentemente se utilizan. Si se aprenden tres o cuatro términos cada
día, en poco tiempo aprenderá los términos jurídicos más
comúnmente utilizados en inglés y español.

ENGLISH-SPANISH
INGLÉS-ESPAÑOL

A

Abandonment, Abandono

Abate, Reducir, rebajar

Abet, Encubrir, ayudar

Abide by, Respetar, cumplir con, acatar

Abortion, Aborto

Above-named, Antedicho, sobredicho

Abscond, Huir, fugarse

Absconder, Prófugo

Abstract, Resumen, sumario, extracto

Abuse, Abuso, maltrato

Abuse of discretion, Abuso de discreción

Abuser, Abusador, agresor

Access, Tener acceso a

Accessory, Cómplice

Accommodation (in case of disability), Modificaciones por motivo de discapacidad

Accomplice, Cómplice

According to, Según, conforme a, de acuerdo a

Accounting, Contaduría (for accounting office), contabilidad (for the activity or profession)

Accounting books, Libros de contabilidad

Accrue/accruing, Acumular

Accusation, Denuncia, acusación, imputación

Accusatory instrument, Documento acusatorio

Accuse, Denunciar, acusar, imputar

Accused, Acusado

Acknowledge, Reconocer

Acquit, Absolver

Acquittal, Absolución

Act, Ley

Acting in the capacity of, Actuando en calidad de

Action, Acción, proceso, acto

Addict, Adicto

Address, Dirigirse a

Address, Tratar

Address, Dirección, domicilio (en tal dirección)

Adjourn, Levantar/suspender la sesión

Adjournment, Suspensión

Adjudicate, Adjudicar

Adjudicating, Fallo, pronunciar sentencia

Adjudication, Adjudicación

Adjustment, Gravamen, determinación de indemnización, arreglo

Administer the oath to..., Tomar juramento, Juramentar ...

Admissible, Admisión, confesión

Admissible evidence, Pruebas admisibles

Admission of Service, Reconocimiento de entrega (o notificación)

Admit, Reconocer, reconocimiento de los hechos, aceptar como elemento prueba

Admit into evidence, Admitir/aceptar como prueba

Admonish, Amonestar

Adolescent, Adolescente

Adopt, Adoptar, aprobar

Adopt(ed), Adoptar (adoptado)

Adoption, Adopción

Adult Detention Center, Centro de detención para adultos

Advantage, Aprovecharse de alguien

Adversarial witness, Testigo desfavorable

Advice of rights, Lectura de derechos, notificación de derechos

Advisement of rights, Notificación de derechos

Advisory, Consultivo, Advertencia

Advocacy, Defensa

Advocate, Partidario, Intercesor

Affidavit, Declaración jurada

Affidavit of prejudice, Declaración jurada de prejuicio

Affidavit of Service, Declaración jurada de notificación

Affirm, Prometer, confirmar, aseverar

Aforementioned, Antes mencionado

Aforesaid, Antedicho, susodicho

Aftercare, Supervisión post liberación

Age, Edad

Aggravated, Con factores agravantes

Aggravating circumstances, Circunstancias agravantes

Aggravating circumstances, Con factores (o circunstancias) agravantes

Aggrieved, Parte agraviada, parte perjudicada

Agree, Acordar, aceptar, coincidir, consentir en

Agreement, Acuerdo/ Convenio

Agreement, Llegar a un acuerdo, pactar un acuerdo

Aid and abet, Asistir e instigar, auxiliar e incitar

Alcohol sensor, Alcoholímetro

Alibi, Coartada

Alien, Extranjero

Alimony, Pensión Alimenticia

Allegation, Alegación, alegato, acusación

Allege, Alegar

Alleged, Presunto

Allocate(d), Asignar/asignación

Amend, Enmendar, modificar

Amended information, Informe acusatorio enmendado

Amendment, Enmienda

Amount, Cantidad, monto

Amphetamine, Anfetamina

Angel dust, Polvo de ángel, cucuy

Annuity, Anualidad

Annul, Anular

Answer, Contestación, respuesta, réplica

Appeal, Apelar, interponer un recurso de apelación

Appeal, Apelación, recurso de casación

Appear, Comparecer

Appearance, Comparecencia

Appellant, Apelante

Appellant, Apelante

Appellate Court, Tribunal de apelaciones

Applicant, Solicitante

Application, Solicitud

Application fee, Cuota de solicitud

Apply for, Solicitar

Apply to, Aplicar (la ley)

Appoint, Nombrar, asignar

Approval, Aprobación

Arbitration, Arbitraje

Argue, Argumentar, alegar

Argument, Alegato, argumento, discusión

Armed forces, Fuerzas Armadas

Armed robbery, Robo a mano armada, Asalto a mano armada

Arraignment, Audiencia de lectura de cargos

Arrangement, Arreglo, acuerdo

Arrearage, Monto de los pagos en mora

Arrears, Pagos en mora, obligaciones en mora

Arrest, Arrestar, detener

Arrest record, Prontuario, Antecedentes de detención

Arrest warrant, Orden de detención/arresto, orden de

aprehensión

Arson, Incendio premeditado, incendio provocado

Arsonist, Incendiario, pirómano

Ask for, Pedir, solicitar

Asked and answered, Ya preguntado y contestado

Assault, Agresión

Assault, Agredir

Assault and battery, Agresión con lesiones

Assault with a deadly weapon, Agresión con arma letal

Assault, aggravated, Asalto agravado

Assessment, Evaluación, estudio

Assets, Bienes, activos

Associate justice, Juez asociado

Associate justice of the Supreme Court, Juez asociado de la Corte

Suprema de justicia

Assume, Suponer, asumir

Assumption, Suposición

At that time, En ese momento

At the request of, A petición de

At this time, En estos momentos

Attached, Adjunto, anexo

Attempt, Intento, tentativa

Attorney, Abogado

Attorney General, Procurador General

Attorney General's Office, Procuraduría

Authority, Autoridad

Authorization, Autorización

Auto theft, Robo de vehículo

Award, Adjudicar

B

Baby sitting, Servicios de niñera, cuidado de niños

Bail, Fianza

Bail bond, Caución

Bail bondsman, Persona responsable de hacer cumplir las condiciones de la fianza

Bail forfeiture, Pérdida del dinero usado para fianza por haberse violado las condiciones de la fianza

Bail jumping, Huir bajo fianza, quebrantar la fianza

Bail review, Revisión de fianza

Bailiff, Alguacil

Balance, Saldo

Ballistics report, Informe de balística

Bank levy, Gravamen bancario

Bank robbery, Atraco de un banco, Asalto de un banco

Bank statement, Estado de cuenta bancaria

Bankruptcy, Quiebra, bancarrota

Bar association, Colegio de Abogados

Based on, Basado en

Basis, Fundamento, base

Batter, Maltratar, pegar

Battery, Lesiones

Battery, spousal, Agresión contra la pareja

Belief, Creencia

Bench, Banco, estrado, juez

Bench conference, Consulta en el estrado

Bench trial, Juicio ante el juez, sin jurado

Bench trial/Court trial, Juicio sin jurado

Bench warrant, Orden judicial de arresto de captura/detención/aprehensión

Benefits, Prestaciones, beneficios

Beyond a reasonable doubt, Más allá de toda duda razonable, de una duda razonable

Birth certificate, Partida, acta, certificado de nacimiento

Bizarre behavior, Comportamiento extraño

Blacken out, Tachar

Blood alcohol level, Concentración/nivel de alcohol en la sangre

Blood alcohol test, Análisis/prueba de alcohol en la sangre

Blow, Cocaína

Blue Book, Catálogo de precios para vehículos

Blue Book Value, Valor de acuerdo al catálogo de precios para vehículos

Board of Pardons, Junta de indultos

Bodily harm, Daños corporales

Body attachment, Anexo oficial de un documento al archivo

Bond, Fianza garantizada (caución garantizada), bono/título

Bond requirement, Requisito de la caución garantizada

Bondsman, Fiador

Book, Fichar

Booking, Ficha policial

Booking number, Número de caso o del arrestado

Bound, Obligado a

Brain death, Muerte cerebral

Break, Quebrantar, contravenir, violar

Break the lease, Incumplimiento del contrato de arrendamiento/alquiler

Breaking and entering, Allanamiento

Breath alcohol test, Prueba de aliento (para detectar uso del alcohol)

Breathalyzer, Alcoholímetro

Bribe, Soborno, mordida

Bribery, Soborno

Brief, Escrito, Sumario

Bring an action, Entablar un juicio, entablar un proceso de demanda, entablar una demanda

Bring to trial, Someter a juicio

Bruise, Moretón, magulladura

Bulletproof, A prueba de balas, antibalas

Bulletproof vest, Chaleco antibalas

Burden of proof, Obligación de prueba

Bureau of Labor Statistics, Oficina de Estadísticas Laborales

Burglary, Robo con escalamiento

Business like manner, De una manera profesional

C

Calendar, Lista de casos

Capital offense, crime, Delito con pena de muerte, delito capital

Capital punishment, Pena de muerte

Car insurance, Seguro, póliza de seguro, seguro de vehículo

Car theft, Robo de automóvil

Care, custody and control, Cuidado, tutela y control

Caregiver, Proveedor de cuidados

Careless driving, Manejar con descuido/Manejar descuidadamente

Carelessness, Descuido, negligencia

Carjacking, Robo de autos con violencia, robo de automóvil a mano armada

Case, Caso, causa

Case number, Número de caso, número de expediente

Case of action, Denuncia penal o civil

Case type, Tipo de caso

Causation, Causativo, causante

Cease and desist, Cesar y desistir

Censorship, Censura

Certificate, Certificado, Acta (Nacimiento, Matrimonio, Defunción)

Certified, Certificado, titulado

Certify, Certificar

Certify as an adult, Ser declarado adulto

Certiorari, Certiorari

Chain of custody, Cadena de custodia

Challenge, Recusación

Challenge, Oponerse, impugnar, recusar

Challenge for cause, Recusación fundada, por causa

Chambers, Despacho del juez

Change of plea, Cambio de declaración

Change of venue, Cambio de jurisdicción/ de competencia territorial

Charge, Acusar, imputar

Charge, Acusación, cargo

Check off, Marcar

Chemical dependency, Dependencia de sustancias químicas

Child, Menor, niño

Child abuse, Maltrato de menores, abuso y maltrato

Child Care, Cuidado de niños

Child Care assistance, Subvención para el cuidado de menores

Child molestation, Abuso sexual de un menor, abuso deshonesto de un menor

Child Support, Manutención de menores

Child's Best Interest, Para el mayor beneficio del niño

Children, Menores, niños, hijos

Circumstances, aggravating, Circunstancias agravantes

Circumstances, mitigating, Circunstancias mitigantes

Circumstantial evidence, Pruebas indirectas/circunstanciales

Citation, Citatorio

Cite, Citar

City Attorney, Fiscal municipal

Civil action, Juicio civil

Civil commitment, Orden de confinamiento civil, reclusión

Civil Law Notary, Notario Público

Civil penalties, Sanciones civiles

Civil rights, Derechos civiles

Claim, Demanda, reclamación, reclamo

Clear and convincing evidence, Prueba clara y convincente

Clear and convincing evidence, Prueba clara y contundente

Clemency, Clemencia

Clerical, Administrativo

Clerk, Secretario del tribunal, oficial del juzgado

Closing argument, Argumento final, alegato de clausura

Cocaine, Cocaína

Co-defendant, Co-acusado

Collateral, Garantía

Collection agency, Agencia de cobranza, agencia de cobros

Collection services, Recaudación, cobranzas

Collector, Recaudador

Commission, Perpetración, cometer un (delito), incurrir en un (delito)

Commissioner, Comisario, comisionado

Commit, Cometer

Commit, Encarcelar, encerrar/ recluir

Community Court, Tribunal de la comunidad

Community service, Servicio a la comunidad

Commutation, Conmutación

Commute, Conmutar

Companion, Acompañante, Compañero

Compensatory parenting time, Régimen compensatorio de tiempo de crianza

Competency evaluation, Examen de competencia/capacidad mental

Complainant, Demandante, la parte demandante

Complaint, Denuncia, demanda

Compliance, Cumplimiento, acatamiento

Comply, Cumplir

Composite drawing, Dibujo hablado

Conciliation Court, Tribunal de conciliación

Concurrent sentences, Penas/condenas concurrentes, simultáneas

Conditional release, Libertad condicional

Conditions, Condiciones, requisitos

Conditions of release, Condiciones para ser liberado, puesto en libertad

Confer, Consultar, conceder, otorgar

Confession, Confesión

Confidential, Confidencial

Confiscate, Confiscar

Conflict of interest, Conflicto de interés

Consecutive sentences, Penas/condenas consecutivas

Consent, Consentimiento, permiso

Consent, Consentir, aceptar, asentir a

Consideration, Consideración

Conspicuous, Manifiesto, obvio

Conspiracy, Conspiración, confabulación, asociación para delinquir

Constitute, Constituir, formar

Constitutional right, Derecho constitucional

Contempt, Desacato

Contempt motion, Pedimento por desacato

Contentious, Contencioso

Contest, Oponerse

Contested case, Causa impugnada

Continuance, Aplazamiento, prórroga

Continue, Aplazar

Controlled substance, Sustancia de uso reglamentado, sustancia regulada

Convict, Convicto, condenado

Convict, Declarar culpable, condenar

Conviction, Pena, fallo de culpabilidad

Coroner, Médico forense

Corpus delicti, Cuerpo del delito

Costs, Costas, gastos

Counsel, Abogado

Counsel table, Mesa del consejero

Counseling service, Servicios de asesoría

Counselor, Asesor

Count, Falsificación

Counter motion, Pedimento contradictorio

Counterclaim, Contra-demanda

County Attorney, Fiscal del condado

County Attorney's Office, Fiscalía del condado

County jail, Cárcel del condado

Court, Corte, Tribunal, Juzgado

Court Administrator, Administrador del Tribunal

Court appointed attorney, Abogado de oficio

Court clerk, Actuario(a)

Court File Number, Número de expediente

Court house, Edificio de los tribunales

Court interpreter, Intérprete de los tribunales

Court is adjourned, Se levanta la sesión

Court officer, Funcionario judicial

Court order, Orden judicial

Court Record, Acta

Court reporter, Taquígrafo, estenógrafo

Court room, Sala del tribunal

Court, District, Tribunal del distrito

Court, Juvenile, Tribunal de Menores

Coverage, Cobertura

Credit Bureau, Entidad de información crediticia

Creditor, Acreedor

Crime, Delincuencia, criminalidad

Crime, Delito, crimen

Crime scene, Lugar de los hechos

Crime wave, Ola de crimen, ola delictiva

Crimes of moral turpitude, Delitos de vileza moral

Criminal history, Antecedentes penales

Criminal insanity, Demencia criminal

Criminal justice stakeholders, Interesados del sistema judicial

Criminal record/history, Antecedentes penales

Criminal sexual conduct, Conducta sexual delictiva, comportamiento sexual delictivo

Criminal sexual contact, Contacto sexual delictivo

Criteria, Criterios

Cross examination, Contrainterrogatorio

Cross-examine, Contrainterrogar

Current(ly), Actual, actualmente

Custodial, Tutor, Interrogatorio bajo detención

Custodial parent, Padre de custodia, padre que posee la tutela de un menor, padre tutelar

Custodial/Non-Custodial Parent, Padre con o sin tutela

Custody, Patria potestad, tutela

D

Damages, Daños y perjuicios

Date of birth, Fecha de nacimiento

Daycare, Guardería

Deadline, Fecha límite

Deadly weapon, Arma letal

Deal, Acuerdo, trato

Death penalty, Pena de muerte

Death Row, Corredor de la Muerte

Debt, Deuda

Debt-holder, Acreedor

Debtor, Deudor

Decree, Decreto/ sentencia

Deduction, Deducción

Deed, Escritura

Default, Incumplimiento, en mora

Default judgment, Fallo por falta de comparecencia

Defendant, Acusado, inculpado, imputado

Defense, defensa

Defense attorney, Abogado defensor

Defer, Aplazar

Deferment, Prórroga, aplazamiento

Deferred Income, Ingresos diferidos

Deferred prosecution, Enjuiciamiento postergado

Deferred sentence, Condena/pena aplazada

Defraud, Defraudar, estafar

Denial, Denegación

Deny, Negar, denegar

Deny a motion, Denegar una petición legal

Deny parenting time, Denegar tiempo de crianza

Dependence, Dependencia

Dependent, Dependiente

Depending on, Según

Deponent, Declarante

Depose, Tomar una declaración jurada a

Deposition, Declaración jurada oral, deposición

Depriving, Privar

Department of Public Safety, Departamento de seguridad pública

Deputy, Alguacil

21

Deputy Court Administrator, Administrador auxiliar del tribunal

Detained, Detenido

Deterrent, Disuasión

Developmental, De desarrollo

Direct evidence, Prueba directa

Direct examination, Interrogatorio directo

Disabled, Discapacitado

Disagreement, Desacuerdo

Disclose, Revelar, dar a conocer

Discount, Descuento, rebaja

Discovery, Revelación de pruebas

Discretion, A criterio

Disinterested Third Party, Tercero desinteresado

Dismiss, Desechar, Desestimar

Dismiss a charge, Desestimar, desechar, rechazar, retirar

Dismiss a claim, Rechazar una demanda

Dismiss with prejudice, Desestimar con sobreseimiento libre

Dismiss without prejudice, Desestimar con sobreseimiento provisional

Dismissal, Desestimación de cargos, sobreseimiento

Dismissed, Desestimado, sobreseído

Disorderly conduct, Escándalo público, perturbación del orden público

Dispatch center, Centro de despacho, central

Dispatcher, Despachador, operador de la central

Dispense with, Prescindir de

Disposition, Disposición

Disproportionately high costs, Costos excesivos

Dispute, Altercado, desacuerdo

Dissolution, Disolución

District Court, Tribunal de distrito

Disturbing the peace, Alterar el orden público

Diversion Program, Programa de Justicia Alternativa

Divorce, Divorcio

DNA sample, Muestra de ADN

Docket, Lista de causas, registrar un auto procesal

Domestic abuse, Maltrato intrafamiliar

Domestic abuse classes, Curso sobre maltrato intrafamiliar

Domestic violence, Violencia intrafamiliar

Double jeopardy, Doble enjuiciamiento

Driving permit, Permiso de conducir

Driving record, Antecedentes de tránsito

Drop the charge, Retirar el cargo, la acusación

Drug abuse, Adicción a drogas, drogadicción

Drunk driving, Conducir bajo estado de ebriedad

Due diligence, Diligencia debida

Due process, Derechos procesales

DUI, Manejar bajo los efectos/la influencia del alcohol, manejar en estado de ebriedad

Duty, Obligación, deber

DWI/DUI (Driving while intoxicated/Driving while impaired/Driving under the influence), Manejar bajo los efectos del alcohol/Manejar con facultades disminuidas/ Manejar embriagado

.

E

Effect, Vigente, en vigor

Egregious, Flagrante

Electronic home monitoring, Vigilancia electrónica en casa

Elementary school age, Edad de escuela primaria

Eligibility, El que reúne los requisitos, el que tiene derecho a...

Embezzlement, Malversación, desfalco

Employer, Empleador, patrón

Employer Identification Number, Número de identificación del empleador o patrón

Endanger, Poner en peligro

Endangerment, Imprudencia temeraria

Endorse, Avalar, respaldar, aprobar, apoyar, refrendar

Enforce, Hacer cumplir, hacer valer

Enhanceable offense, Delito de gravedad aumentable

Enjoin, Prohibir

Enter, Contestar a los cargos, declararse

Enter a plea, Registrar una declaración

Enter an order, Registrar, asentar, presentar, dictar

Entertain, Considerar

Entice, Instigar o inducir

Enticement, Incentivo

Entrapment, Poner una trampa, tender una celada, incitación a la comisión de un delito

Equal protection, Protección de igualdad

Equitable/Equal, Imparcial/Igual

Establishment, Establecimiento

Estate, Patrimonio, sucesión

Estimate, Presupuesto

Evict, Desahuciar, desalojar

Eviction, Desahucio, desalojo

Evidence, Pruebas, evidencia

Evidence, circumstantial, Evidencia circunstancial

Evidence, direct, Evidencia directa

Evidentiary hearing, Audiencia probatoria

Examination, direct, Interrogatorio directo

Exclusionary rule, Regla de exclusión de pruebas

Excusable neglect, Negligencia involuntaria

Exempt, Eximir

Exemption, Exención

Exhibit, Objeto de prueba, elemento de prueba, documento de prueba

Exhibit, defense's, Documento de prueba de la defensa

Existing order, Orden vigente

Exonerate, Exonerar

Expedite, Acelerar (el trámite)

Expeditor, Facilitador

Expenses, Gastos

Expert witness, Perito, testigo pericial, testigo experto

Expire, Vencer, caducar

Expungement, Anulación, borrar del registro

Extend, Prorrogar

Extension, Prórroga

Extenuating circumstances, Circunstancias extraordinarias

Extort, Extorsionar

Extortion, Extorsión

Extracurricular, Extracurricular

Extradition, Extradición

Extrinsic, Extrínseco

Eyewitness, Testigo ocular

F

Facilitate, Facilitar

Fact, Hecho

Factual basis, Fundamento

Factual contention, Hechos en disputa/en desacuerdo

Failure to appear, Falta de comparecencia

Fair hearing, Audiencia justa

Fair market value, Valor justo en el mercado

Fair settlement, Arreglo justo

False imprisonment, Privación ilícita de libertad

Family court, Juzgado familiar

Federal jurisdiction, Competencia federal

Fee, Honorarios, cuota, tarifa, costos, cargos, costas

Felon, Criminal, autor de delito mayor

Felony, Delito mayor

Field sobriety Test, Pruebas de ebriedad en campo

File, Expediente

File a complaint, Presentar una denuncia

File charges, Presentar cargos

File number, Número de expediente

File suit, Entablar un pleito, interponer una demanda

Filed, Presentado, Registrado

Filing, Presentación

Filing fee, Tasa judicial

Financial screening, Entrevista para determinar la situación/solvencia económica

Finding, Determinación, determinar, decisión, fallo

Fine, Multa

Finger print, Huella dactilar, digital

Fingerprinting, Toma de huellas digitales

Fire, Disparar

Firearm, Arma de fuego

First degree, En primer grado

First name, Nombre de pila

Flee, Darse a la fuga

For the record, Que conste en actas

Forcible rape, Violación forzada

Foreclosure, Juicio hipotecario, ejecución de hipoteca

Foregoing, Lo anterior

Forensic evidence, Pruebas periciales

Forfeit bail, Perder la fianza

Forfeiture of assets, Extinción de dominio

Forgery, Falsificación

Form, Formulario

Foster, Acoger en el hogar

Foster care, Tutela de crianza temporal

Foster home, Hogar sustituto

Foundation, Fundamento

Fraud, Fraude

Freedom of speech, Libertad de expresión

Freedom of the press, Libertad de prensa

Fringe benefits, Prestaciones

Frivolous, Frívolo

Full force, En plena vigencia (de la ley)

Full time, De tiempo completo

Funding, Fondos, recursos, financiamiento

Furlough, Permiso

G

Garnish, Embargar

Garnishment, Embargo

General Assistance, Ayuda del gobierno

Genética, Genetics, DNA

Go to trial, Ir a juicio

Good faith, De buena fe

Government Center, Centro gubernamental

Grand Jury, Gran jurado, jurado indagatorio

Grant, Conceder, otorgar

Grant, Subvención, beca

Gross misdemeanor, Delito menor grave

Gross wage, Salario bruto

Ground/not grounds for, Tiene fundamento/no tiene fundamento

Guardian, Tutor

Guardian ad litem, Tutor ad litem

Guardianship, Tutela

Guidelines, Pautas, lineamientos

Guilty plea, Declaración de culpabilidad

H

Habeas corpus, Habeas corpus

Habitual offender, Infractor reincidente

Halfway house, Centro de rehabilitación

Handcuffs and leg-irons, Esposas y grilletes

Handicapped, Discapacitado

Harass, Acosar, hostigar

Harassment, Acoso, hostigamiento

Harassment Order, Orden de alejamiento

Hardened criminal, Criminal empedernido

Hazing, Acosar

Head of Household, Jefe de familia

Health care, Atención Médica

Health insurance, Seguro médico

Hear a case, Oír un caso, conocer de una causa

Hearing, Audiencia

Hearing officer, Funcionario a cargo de la audiencia

Hearing, contested, Audiencia disputada

Hearsay evidence, Testimonio de oídas, de terceros, de referencia

Held without bail, Detenido sin fianza

Hereby, Por la presente, por este medio

Heroin, Heroína

Hindering prosecution, Obstrucción de acción judicial

Hire, Contratar

Hispanic, Hispano(a)

Hit-and-run, Choque y fuga

Hold a hearing, Celebrar una audiencia

Holdup, Asalto, atraco

Holiday, Día de fiesta, día feriado, día festivo

Home address, Domicilio, Dirección

Homicide, Homicidio, asesinato

Hostile witness, Testigo hostil

House arrest, Arresto domiciliario, arraigo domiciliario

Household, Unidad familiar, hogar

Household expense, Gastos del hogar

Household goods, Bienes muebles del hogar

Housewife, Ama de casa

Housing, Vivienda

Human resources, Recursos humanos

Hung jury, Jurado en desacuerdo, sin veredicto

I

Illegal immigrant, Inmigrante ilegal

Immigration, Inmigración

Immigration and Customs Enforcement (ICE), Dirección de inmigración y aduanas

Immigration status, Condición migratoria

Imminent, Inminente

Immunity, Inmunidad

Impaired, Impedido

Impeach, Impugnar

Impeachment, Impugnación

Impeachment of witness, Impugnación de testigo

Implicate, Implicar, involucrar

Implied consent advisory, Notificación de consentimiento implícito

Impose, Imponer

Impound, Incautar, confiscar

Impound lot, Corralón

Imprisoned, En prisión

Imprisonment, Reclusión, prisión

Improper motives, Motivos incorrectos

In fact, De hecho

In forma pauperis, In forma pauperis

Inadmissible, Inadmisible

Inadvertence, Hacer algo por omisión (o involuntariamente)

Inadvertent, Por omisión

Incidental, Incidental

Income, Ingresos

Income share guidelines, Pautas de distribución de ingresos

Income Tax, Impuesto sobre la renta

Income tax refund, Reembolso de impuesto sobre la renta

Incriminate, Incriminar

Incur, Contraer

Indecent exposure, Exhibicionismo

Independent, Independiente

Indict, Acusar formalmente

Indictment, Documento inculpatorio

Indigence, Indigencia

Indigent, Indigente

Individualized, Individualizado

Ineligible, Persona que no reúne los requisitos

Infant, Bebé, recién nacido

Informal, Extraoficial

Informant, Informador, denunciante

Information, Informe acusatorio

Infraction, Infracción, contravención

Inherit, Heredar

Inheritance, Herencia

Initial, Inicial

Initials, Iniciales

Initiate legal proceedings, Entablar un proceso legal

Injunction, Mandamiento judicial

Injure, Lastimar, lesionar

Injury, Lesión

Inmate, Interno, reo

Innocent until proven guilty, Inocente hasta que se pruebe su culpabilidad

Installment, Plazo

Insurance, Seguro

Insured, Asegurado

Intact, Intacto

Intake, Entrevista de entrada

Interest (stake), Interés, intereses

Interest charging, Cobro de intereses

Interest earned, Intereses devengados

Interest of justice, Interés de la justicia

Interim, Provisional, interino

Internal head injury, Lesión interna en la cabeza

Internal Revenue Service, Departamento de recaudación de impuestos

Intersection, Crucero, intersección

Intervenor, Interventor

Intoxilizer, Intoxímetro

Intrinsic, Intrínseco

Invalidate, Anular

Invest, Invertir

Investment, Inversión

IRA (Individual Retirement Account), IRA (Cuenta particular para la jubilación)

Irrelevant, No pertinente

Irretrievable breakdown of the marriage, Ruptura irrecuperable del matrimonio

Issuance, Emisión

Issue, Cuestión, asunto

Issue, Emitir, expedir

Item, Artículo, partida

J

Jail, Cárcel

Joint and several obligation, Obligación solidaria

Joint child, Hijo en común

Joint petition, Petición conjunta

Joyriding, Robar un vehículo para pasear

Judge, Juez

Judgment, Fallo

Judgment for possession, Fallo de posesión

Judicial, Judicial

Judicial District, Distrito Judicial

Judiciary, Judicatura, poder judicial

Jump bail, Huir bajo fianza

Jurisdiction, Jurisdicción

Juror, Jurado

Jury, Jurado

Jury box, Tribuna del jurado

Jury foreman/jury foreperson, Presidente del jurado

Jury Room, Sala de deliberación

Jury trial, Juicio por jurado

Justice, Justicia, juez

Juvenile, Menor

Juvenile court, Tribunal de menores

Juvenile delinquency, Delincuencia juvenil

Juvenile hall, Cárcel de menores

K

Kidnap, Secuestrar

Kidnapping, Secuestro

Knowingly, A sabiendas

L

Landlord, Arrendador

Larceny, Hurto, latrocinio

Last known address, Dirección más reciente

Last name, Apellido

Latent prints, Huellas latentes

Later date, Una fecha posterior

Latin, Latino

Law, Ley, derecho

Law enforcement agencies, Entidades de procuración de justicia

Law enforcement officer, Agente del orden público

Law Library, Biblioteca jurídica

Law-abiding, Respetuoso de la ley, que respeta la ley

Lawful, Legal, lícito

Lawsuit, Litigio, pleito, demanda

Leading question, Pregunta sugestiva

Lease, Contrato de alquiler, alquilar, rentar

Legal Aid, Asistencia jurídica

Legal contentions, Aseveración legal

Legal custodian, Custodio legal

Legal custody, Tutela legal

Legal separation, Separación legal

Legal Services, Asesoría jurídica

Legislature, Legislatura

Leniency, Indulgencia

Lenient, Poco severo, indulgente

Levy, Gravamen

Liability, Responsabilidad civil

License, Licencia

Lie detector, Detector de mentiras, polígrafo

Life imprisonment, Cadena perpetua

Life in prison, Pena de cadena perpetua

Life insurance policy, Póliza de seguro de vida

Life sentence, Cadena perpetua

Limited exception, Excepción especifica

Limited liability, Responsabilidad civil limitada

Limited liability corporation, Sociedad anónima de responsabilidad limitada

Line-up, Línea de sospechosos

Litigant, Litigante

Litigate, Litigar

Litigation, Litigio

Living expenses, Gastos de vida

Living Will, Testamento vital

Loan, Préstamo

Location, Lugar

Loitering with intent, Merodear con fines delictivos

Long-term, A largo plazo

Long-term placement facility, Instalaciones de internación a largo plazo

Loss, Pérdida

Lot rent, Alquiler del lote

Lure, Atraer con engaño

Lynching, Linchamiento

M

Magistrate, Magistrado, juez de instrucción, juez de competencia limitada

Maintenance order, Orden de manutención

Malice, Dolo

Malicious Mischief, Daño intencional

Malicious punishment of a child, Castigo malintencionado (o castigo excesivo) de un niño

Malpractice, Negligencia profesional

Malpractice insurance, Seguro de cobertura de la negligencia profesional

Manager, Administrador, gerente

Mandate, Mandato

Mandatory, Obligatorio

Mandatory minimum sentence, Pena mínima obligatoria

Manslaughter, Homicidio culposo

Marijuana, Marihuana

Marital, Matrimonial

Marital property, Bienes conyugales

Marriage certificate, Acta/certificado de matrimonio

Married, Casado(a)

Material evidence, Prueba esencial

Material witness, Testigo esencial

Matter, Asunto, cuestión, caso

May it please the court, Con la venia del tribunal

Mediation, Mediación

Mediation services, Servicio de mediación

Mediator, Mediador

Medical Assistance, Asistencia Médica

Medical history, Historial médico

Medical malpractice, Negligencia médica

Medical record, Registro médico

Medical support, Manutención médica

Mental abuse, Maltrato mental

Mental health, Salud mental

Mental illness, Enfermedad mental

Mental retardation, Retraso mental

Merit, Mérito

Methamphetamine, Metanfetamina

Middle name, Segundo nombre

Minimum mandatory fine, Multa mínima obligatoria

Minimum payment, Pago mínimo

Miranda rights, Derechos Miranda/constitucionales

Misconduct, Mala conducta

Misdemeanor, Delito menor

Misleading, Engañoso

Mistrial, Juicio nulo

Mitigating circumstances, Circunstancias atenuantes/mitigantes

Mitigation hearing, Audiencia de mitigación

Modify/modification, Modificar/modificación

Money laundering, Lavado de dinero, blanqueo de dinero, lavado de activos

Monitor, Seguir, controlar, monitorear, vigilar

Monthly payment, Pago, cuota mensual

Moral development, Desarrollo moral

Motion, Petición, pedimento, solicitud

Motion to dismiss, Petición para desestimar una causa

Municipal court, Tribunal municipal

Murder, Asesinato, homicidio

Murder attempt, Intento de asesinato, tentativa de asesinato

Murder weapon, Arma homicida

Mutual benefit, Beneficio mutuo

Mutually-agreed upon, Por acuerdo mutuo

N

Narcotics, Narcóticos

Native American, Indígena americano

Necessary monthly expenses, Gastos mensuales necesarios

Neglect, Descuidar, descuido negligente

Negligence, Negligencia

Negotiate, Negociar

Net equity, Patrimonio neto, activos netos

No later than, A más tardar

No merit, Sin mérito

No-contact order, Orden de alejamiento

Nolo contendere, Nolo contendere

Non compos mentis, Non compos mentis

Non custodial parent, Padre sin tutela

Non marital property, Bienes no conyugales

Noncompliance, Incumplimiento

Non-profit organization, Organización sin fines de lucro

Notarized, Firmado ante un fedatario, ante notario

Notary public, Fedatario, notario

Notice, Aviso, notificación

Notice of entry, Notificación de registro, notificación de desahucio

Notice of motions, Notificación de pedimentos presentados

Nuisance Oath, Estorbo, molestia, discordio

Nurturance/Nurturing, Crianza/criar

O

Oath, Juramento

Object, Oponerse a, objetar

Objection, Objeción, protesta

Obligee, Obligante

Obligor, Obligado

Obnoxious, Molesto

Obtain entry, Obtener permiso de entrada, lograr entrar

Off the record, Extraoficial

Offender, Delincuente, transgresor, infractor

Offense, Ofensa, delito

Offer of proof, Presentación de prueba

Offset, Compensación, compensar

Omnibus hearing, Audiencia general

On the record, En las actas

Opening arguments, Alegatos iniciales/de apertura

Opening statement, Declaración de apertura

Oral copulation, forced, Copulación oral forzada

Order, Orden

Order for protection, Orden de protección

Order to show cause, Orden para mostrar motivo justificado

Original, Original

Out-of-court settlement, Acuerdo extrajudicial

Outstanding debts, Pasivos

Overall, Total, general

Overdose, Sobredosis

Overrule, Desestimar, rechazar, denegar, declarar sin lugar

Oversight, Supervisión

Overt act, Acto manifiesto

Overtime, Horas extras

Own, Poseer, tener, ser dueño de

Own recognizance, Bajo palabra

Owner, Dueño, titular

Ownership interest, Accionista

P

Paid, Pagado, pago

Pain and suffering, Daños físicos y morales

Paraphernalia, Accesorios, adminículos

Pardon, Indulto

Pardon extraordinary, Indulto absoluto

Parent, Padre de familia

Parental rights, Patria potestad

Parenting time, Tiempo de crianza

Parenting time expeditors, Facilitadores de tiempo de crianza

Parole, Libertad condicional

Parole board, Junta de revisión disciplinaria

Partially paid, Parcialmente pagado(a)

Participate in, Tomar parte en, participar en

Parties, Partes

Party, Parte

Paternity, Paternidad

Pay off, Saldar, pagar, finiquitar

Pay stub, Talón de cheque

Payable to, Pagadero a, a la orden de, a nombre de

Payables, Cuentas por pagar

Payment, Pago

PBT (preliminary breath test), Prueba preliminar de aliento

Pedophile, Pedófilo, pederasta

Penalty, Pena, castigo, sanción

Penalty assessment, Evaluación de multa

Penalty of perjury, Pena de perjurio

Pending, En espera de

Pending trial, En espera del juicio

Pension, Pensión

Peremptory strike or challenge, Recusación perentoria, recusación sin motivo

Perjury, Perjurio, falso testimonio

Permanent resident, Residente permanente

Perpetrate, Perpetrar, cometer

Perpetrator, Autor

Personal allowance, Estipendio, mesada

Personal injury, Lesión corporal

Personal property, Pertenencias/ bienes personales

Personal recognizance, Bajo palabra

Personal security, Garantía personal

Personnel, Personal

Petit Jury, Jurado

Petition, Petición, solicitud

Petitioner, Solicitante, peticionario, demandante

Petty misdemeanor, Infracción menor

Petty offense, Falta

Petty theft, Hurto menor

Physical abuse, Maltrato físico

Physical custody, Tutela física

Picture identification, Identificación por fotografía, despliegue fotográfico

Plaintiff, Demandante

Plea, Declaración

Plea agreement, Convenio de declaración de culpabilidad

Plea bargain, Acuerdo declaratorio, acuerdo de reducción de pena

Plea negotiations, Negociaciones declaratorias

Plea of Guilty, Declaración de culpabilidad

Plea of Innocence, Declaración de inocencia

Plea of not-guilty, Declaración de no-culpable

Plead, Declararse

Plead guilty/not guilty, Declararse culpable/no culpable

Pleadings, Alegatos

Police raid, Redada, allanamiento

Police Station, Comisaría, estación de policía

Polygraph, Detector de mentiras, polígrafo

Post bail, Depositar, poner una fianza

Postpone, Posponer, aplazar

Postponement, Aplazamiento

Pot, Marihuana

Power of attorney, Poder legal, carta poder

Practice, Ejercer, ejercicio

Preceding, Lo que antecede

Precluding, Impedir, excluir

Predator, Depredador

Prejudice, Prejuicio

Preliminary hearing, Audiencia preliminar

Preponderance of evidence, Preponderancia de la prueba

Prerogative writ, Auto extraordinario

Preschooler, Niño pre-escolar

Prescribed, Establecido, prescrito

Present value, Valor actual

Pre-Sentence report, Informe pre-condenatorio, previo a la condena

Presumption of innocence, Presunción de inocencia

Presumptive sentence, Pena presunta

Pretrial, Audiencia anterior al juicio

Pre-trial conference, Conferencia previa al juicio

Pre-trial motion, Petición legal previa al juicio

Pretrial offense, Ofensa cometida antes de emplazar el juicio

Prima facie, Prima facie

Primary care giver, Proveedor principal de cuidados

Principal assets, Bienes de capital

Print, Escribir en letra de molde, imprimir

Printout, Impreso

Priors, Precedentes

Prison, Prisión

Prisoner, Preso, prisionero, recluso

Privacy, Privacidad, intimidad

Private health care coverage, Póliza particular de seguro médico

Privilege, Privilegio

Probable cause, Motivo fundado

Probate, Juicio testamentario, tribunal sucesorio, sucesión

Probation, Libertad condicional

Probation officer, Agente de libertad condicional

Procedural, De procedimiento

Procedure, Procedimiento

Proceeding, Proceso

Proceedings, Proceso judicial, actuaciones

Process, Acción judicial

Pronounce sentence, Dictar la condena

Proof, Prueba

Proper notice, Notificación debida

Property, Bienes

Proportionate share, Participación proporcional

Prosecute, Procesar

Prosecute, Enjuiciar, procesar

Prosecution, Enjuiciamiento

Prosecutor, Ministerio público, fiscal

Protection Order, Orden de protección

Prove, Demostrar, probar

Proving, Probar

Provisional license, Licencia de conducir provisional

Public assistance, Asistencia pública

Public defender, Defensor de oficio

Public notice/warning, Aviso público

Public nuisance, Alteración del orden público

Public's interest, Mayor beneficio del pueblo

Punishable, Punible

Pursuant, Conforme a

Pursuant to, Conforme a, de conformidad con, de acuerdo con

Q

Qualified, Capacitado

Quarter, Trimestre

Quash, Anular

Quit claim deed, Escritura traslativa de dominio

R

Range of costs, Escala de costos

Rape, Violación

Rape, statutory, Estupro

Rationale, Base, razones, razonamiento

Real estate, Bienes raíces

Reasonable doubt, Duda razonable

Rebuttal, Refutación

Recess, Levantar la sesión

Reckless, Imprudente, temerario

Reckless driving, Manejar en forma imprudente

Reckless endangerment, Arriesgo imprudente, imprudencia temeraria

Record, Acta, registro

Recusal, Recusación

Recuse, Recusar

Redirect examination, Segundo interrogatorio directo, repregunta

Reduce, Rebajar, reducir

Reduction, Rebaja, reducción

Refer, Enviar

Referee, Arbitro

Refund, Reembolso

Rehabilitate, Rehabilitar

Reimburse, Reembolsar

Relationship, Relación, parentesco

Relative, Referente

Relative(s), Pariente(s), familiar(es)

Relevant, Pertinente

Relief, Reparación, desagravio

Remain silent, Guardar silencio

Remedy, Remedio

Remit/remittance, Remitir/Remisión

Render a verdict, Emitir un veredicto

Rental agreement, Contrato de alquiler

Repeat offender, Infractor reincidente

Repeat violation, Contravención repetida, reincidencia

Replevin, Reivindicación

Report, Informe

Repossession, Recuperación

Request, Solicitud, petición, pedido

Request, Solicitar, pedir

Required, Obligatorio

Reserve, Dejar pendiente

Residence, Residencia

Resisting arrest, Resistirse al arresto

Respond or object, Responder u objetar

Respondent, Demandado

Rest the case, Concluir la presentación de pruebas

Restitution, Restitución, indemnización, reparaciones

Restraining order, Orden de restricción

Restraints, Prohibiciones

Retirement benefits, Prestaciones de jubilación

Retroactive, Retroactivo

Return a verdict, Emitir un veredicto

Revenue recapture, Recaudación de ingresos

Review, Repaso, revisión

Review hearing, Audiencia de revisión

Revocation, Revocación

Revoke, Revocar

Right, Derecho, garantía

Right of allocution, Derecho a la última palabra

Right to bear arms, Derecho de portar armas

Riot, Motín

Rioter, Alborotador, amotinador

Risk factor, Factor de riesgo

Robbery, Asalto

Roommate, Compañero de cuarto

Routing Number, Código de identificación bancario

Rule, Fallo

Rules, Normas (de libertad a prueba)

Rules of Evidence, Normas jurídicas que rigen la prueba

Rules/Regulations, Reglamentos

Ruling, Fallo, decisión

S

Sanction, Sanción

Sanction, Sancionar

Scene, Lugar de los hechos

Schedule, Calendario, agenda, programa, horario

Scheduled, Previsto, programado

School, Escuela, colegio

Screening, Selección

Seal, Sello, sellar

Seal the records, Sellar el expediente

Search, Registrar

Search, Registro, cateo

Search and Seizure, Cateo y decomiso

Search warrant, Orden de registro, orden de cateo

Seasonal employment, Empleo de temporada

Second degree, En segundo grado

Seize, Decomisar, incautar

Seizure, Decomiso

Seizure of assets, Decomiso de bienes

Self-defense, Defensa propia, legítima defensa

Self-employment, Trabajo por cuenta propia

Self-incrimination, Autoincriminación

Self-worth, Auto estima

Sentence, Condena, pena, castigo

Sentence, Condenar, imponer la condena, imponer la pena

Sentence to service, Servicio por sentencia, servicio por pena

Sentence, concurrent, Condena/pena concurrente, simultánea

Sentence, suspended, Condena/pena suspendida

Sentences, consecutive, Condenas/penas consecutivas

Sentencing guidelines, Normas condenatorias, pautas condenatorias

Sentencing hearing, Audiencia para imponer la pena

Separated, Separado

Separation, Separación

Separation anxiety, Ansiedad de separación

Sequester the Jury, Aislar el jurado

Serial killer, Asesino en serie

Serve, Entregar oficialmente, notificar oficialmente

Service, Entrega o notificación oficial

Service of process, Emplazamiento

Session, Sesión

Set forth, Exponer, presentar

Set over, Aplazar, postergar

Settle, Llegar a un acuerdo

Settlement, Acuerdo, resolución

Settlement conference, Audiencia de resolución

Sever, Separar

Sexual abuse, Maltrato sexual

Sexual assault, Agresión sexual

Sexual Assault, Agresión sexual

Sexual offender, Delincuente sexual, infractor sexual

Sexual offender treatment, Tratamiento para delincuentes

sexuales

Sexual offense, Delito sexual

Sexual predator, Depredador sexual

Sheriff, funcionario jefe de un condado

Shoot, Disparar

Shoot to death, Matar a tiros

Shoplifting, Hurto en tiendas

Short-term, A corto plazo

Shotgun, Escopeta

Show Cause hearing, Audiencia para fundamentar una causa

Show Cause order, Orden de comparecer para fundamentar una

causa

Sidebar, Consulta en el estrado, conferencia privada con el juez

Sign, Firmar

Significant, Relevante

Significant issue, Asunto de importancia

Single, Soltero(a)

Small Claims, Demanda de menor cuantía

Small claims court, Tribunal de reclamos menores

Sober, Sobrio

Social Security Number, Número de Seguro Social

Speed limit, Límite de velocidad, velocidad máxima

Speeding, Exceder el límite de velocidad

Speedy trial, Juicio abreviado

Spousal maintenance, Pensión alimenticia

Spouse, Cónyuge

SSI, Ingresos Suplementarios del Seguro social

Stab, Apuñalar

Staggered Sentencing, Pena escalonada

Stalking, Acecho, acechar

Stand down, Bajar del estrado

Standard sentencing range, Escala normal de condena

Statute, Estatuto

Statute of limitations, Ley de prescripción

Statutory rape, Estupro

Stay, Suspender

Stay of adjudication, Aplazamiento del fallo

Step-Family, Familia putativa

Step-son, mother, father, etc., Hijastro, hijastra, madrastra, padrastro

Stipulate, Estipular, concordar

Stipulation, Estipulación

Stock(s), Acciones, valores

Strike, Suprimir, borrar, tachar

Student loan, Préstamo estudiantil

Submit, Presentar

Submitted, Presentado

Subpoena, Orden de comparecencia, citatorio

Subscribed and sworn, Firmado y juramentado

Successfully complete, Completar satisfactoriamente

Sue, Demandar

Sufficient, Suficiente

Suit, Demanda

Suitable age, Edad adecuada, edad idónea

Summary dissolution, Disolución sumaria

Summary judgment, Sentencia sumaria

Summation, En resumen

Summon, Citar

Summoned, Citado

Summons, Notificación

Summons and Complaint, Notificación y demanda

Supervised release, Libertad supervisada

Support, Manutención

Supporting documents, Documentos de respaldo

Suppress evidence, Excluir una prueba

Supreme Court, Corte Suprema de Justicia

Surcharge, Cargo adicional

Suspect, Sospechoso

Suspected of Swear, Bajo sospecha de Juramentar

Suspended, Suspendido

Suspended sentence, Pena suspendida

Sustained, Ha lugar

Sworn, Juramentado

T

Take an oath, Prestar juramento, jurar

Take judicial notice of, Asentar bajo presunción judicial que…

Take-home pay, Sueldo neto

Tax, Impuesto

Tax offset, Compensación tributaria

Teenager, Adolescente

Temporary, Temporal, provisional

Temporary restraining order, Orden de restricción temporal/provisional

Tenant, Inquilino

Tenure, Periodo de ejercicio

Terminal illness, Enfermedad terminal

Terminate, Despedir

Terms and conditions, Términos y condiciones

Terroristic threats, Amenazas terroristas

Testify, Declarar, testificar, prestar declaración, dar testimonio

Testimony, Declaración, testimonio

Theft, Hurto, robo

Third party, Tercero

Threat, Amenaza

Threaten, Amenazar

Ticket, Citación, citatorio, boleta, partida

Time share, Tiempo compartido

Title, Titulo, Escritura

To the best of your knowledge and belief, A su mejor saber y entender

To the letter of the law, Al pie de la letra

Toddler, Niño pequeño, niño de dos a cuatro años

Traffic, Tránsito, tráfico

Transcript, Transcripción

Trespass, Intrusión, transgresión

Trespasser, Intruso, transgresor

Trespassing, Entrar sin autorización en propiedad ajena

Trial, Juicio

Tribunal, Tribunal

Truancy, Ausencia injustificada

Truant, Estudiante que falta a la escuela sin permiso

True and correct, Verdadero y correcto

Tutorial, Guía de aprendizaje

U

Unconditional release, Libertad sin condiciones

Under oath, Bajo juramento

Under penalty of, Bajo pena de

Under way, En marcha

Undercover agent, Agente encubierto

Underlying Crime or offense, Delito subyacente

Undersigned, El abajo firmante, el que suscribe, el suscrito

Undue, Indebido

Unemployment, Desempleo

Unemployment compensation, Subsidio por desempleo

Uninsured, Sin seguro

Universal life insurance, Seguro de vida universal

Unlawful harassment, Acoso ilícito

Unpaid, Deuda sin pagar

Unreasonable, Poco razonable

Unreimbursed, No reembolsado

Unsupervised Probation, Libertad a prueba sin supervisión

US Department of Labor, Departamento de Trabajo de los EE.UU.

Usually, Normalmente, comúnmente, por lo general

Utilities, Servicios públicos

V

Vacate, Invalidar

Value, Valor

Vandalism, Vandalismo

Vehicular assault, Agresión vehicular

Vehicular homicide, Homicidio vehicular

Vehicular manslaughter, Homicidio culposo

Venue, Jurisdicción, competencia territorial

Verbatim, Textualmente

Verdict, Veredicto

Verify, Verificar

Versus, Contra, versus

Veteran, Veterano

Veteran's benefits, Beneficios para veteranos

Violate, Quebrantar, infringir, contravenir, vulnerar, violar

Violation, Infracción

Violations bureau, Oficina de infracciones y multas

Visitation rights, Derechos de visita

Voluntarily, Voluntariamente

W

Waive, Renunciar

Waive rights, Renuncia de derechos

Waiver, Renuncia voluntaria

Wanton, Sin sentido, temerario

Warning, Advertencia

Warrant, Orden judicial

Warrant, arrest, Orden de arresto, auto de detención

Warrant, bench, Orden de arresto por falta de comparecencia

Warrant, search, Orden de cateo

Warranted, Justificado

Warranty, Garantía

Weapon, Arma

Weapon, concealed, Arma escondida

Weapon, deadly, Arma letal

Weight of evidence, Preponderancia de la prueba

Welfare, Bienestar

Well grounded, Bien fundado

Whereabouts, Paradero

Whereas, Considerando que

Whole life insurance, Seguro de vida permanente

Will, Testamento

Willful, Intencionado

Willful act, Acto intencionado

Willfully, Intencionadamente

Willing, Dispuesto

With prejudice, Con sobreseimiento libre

With regard to, Respecto a

Without prejudice, Con sobreseimiento provisional

Witness, Testigo

Witness stand, Silla de los testigos

Witness, defense, Testigo de descargo

Witness, expert, Perito

Witness, hostile, Testigo hostil

Witness, material, Testigo material

Witness, prosecution, Testigo de cargo

Work furlough, Permiso de trabajo

Work release, Permiso para trabajar

Work/Study release, Permiso para salir a trabajar/estudiar

Worker's compensation, Indemnización por accidentes de trabajo, compensación laboral

Writ, Decreto, orden, auto, mandamiento Judicial

Writ of execution, Auto de ejecución

Wrongful death, Muerte por negligencia

Wrongful denial, Denegación injustificada

SPANISH-ENGLISH
ESPAÑOL-INGLÉS

A

A corto plazo, Short-term

A criterio, Discretion

A largo plazo, Long-term

A más tardar, No later than

A petición de, At the request of

A prueba de balas, Bulletproof

A sabiendas, Knowingly

A su mejor saber y entender, To the best of your knowledge and belief

Abandono, Abandonment

Abogado, Attorney

Abogado, Counsel

Abogado de oficio, Court appointed attorney

Abogado defensor, Defense attorney

Aborto, Abortion

Absolución, Acquittal

Absolver, Acquit

Abusador, Abuser

Abuso, Abuse

Abuso de discreción, Abuse of discretion

Abuso sexual de un menor, Child molestation

Accesorios, Paraphernalia

Acción, Action

Acción judicial, Process

Acciones, Stock(s)

Accionista, Ownership interest

Acecho, Stalking

Acelerar (el trámite), Expedite

Acoger en el hogar, Foster

Acompañante, Companion

Acordar, Agree

Acosar, Harass

Acosar, Hazing

Acoso, Harassment

Acoso ilícito, Unlawful harassment

Acreedor, Creditor

Acreedor, Debt-holder

Acta, Court Record

Acta, Record

Acta/certificado de matrimonio, Marriage certificate

Acto intencionado, Willful act

Acto manifiesto, Overt act

Actual, Current(ly)

Actuando en calidad de, Acting in the capacity of

Actuario(a), Court clerk

Acuerdo, Deal

Acuerdo, Settlement

Acuerdo declaratorio, Plea bargain

Acuerdo extrajudicial, Out-of-court settlement

Acuerdo/ Convenio, Agreement

Acumular, Accrue/accruing

Acusación, Charge

Acusado, Accused

Acusado, Defendant

Acusar, Charge

Acusar formalmente, Indict

Adicción a drogas, Drug abuse

Adicto, Addict

Adjudicación, Adjudication

Adjudicar, Adjudicate

Adjudicar, Award

Adjunto, Attached

Administrador, Manager

Administrador auxiliar del tribunal, Deputy Court Administrator

Administrador del Tribunal, Court Administrator

Administrativo, Clerical

Admisión, Admissible

Admitir/aceptar como prueba, Admit into evidence

Adolescente, Adolescent

Adolescente, Teenager

Adopción, Adoption

Adoptar, Adopt

Adoptar (adoptado), Adopt(ed)

Advertencia, Warning

Agente de libertad condicional, Probation officer

Agente del orden público, Law enforcement officer

Agente del ministerio público, Prosecutor

Agente encubierto, Undercover agent

Agredir, Assault

Agresión, Assault

Agresión con arma letal, Assault with a deadly weapon

Agresión con lesiones, Assault and battery

Agresión contra la pareja, Battery, spousal

Agresión sexual, Sexual assault

Agresión sexual, Sexual Assault

Agresión vehicular, Vehicular assault

Aislar el jurado, Sequester the Jury

Al pie de la letra, To the letter of the law

Alborotador, Rioter

Alcoholímetro, Alcohol sensor

Alcoholímetro, Breathalyzer

Alegación, Allegation

Alegar, Allege

Alegato, Argument

Alegatos, Pleadings

Alegatos iniciales/de apertura, Opening arguments

Alguacil, Bailiff

Alguacil, Deputy

Allanamiento, Breaking and entering

Alquiler del lote, Lot rent

Alteración del orden público, Public nuisance

Alterar el orden público, Disturbing the peace

Altercado, Dispute

Ama de casa, Housewife

Amenaza, Threat

Amenazar, Threaten

Amenazas terroristas, Terroristic threats

Amonestar, Admonish

Análisis/prueba de alcohol en la sangre, Blood alcohol test

Anexo oficial de un documento al archivo, Body attachment

Anfetamina, Amphetamine

Ansiedad de separación, Separation anxiety

Antecedentes de tránsito, Driving record

Antecedentes penales, Criminal record/history

Antedicho, Above-named

Antedicho, Aforesaid

Antes mencionado, Aforementioned

Anualidad, Annuity

Anulación, Expungement

Anular, Annul

Anular, Invalidate

Anular, Quash

Apelación, Appeal

Apelante, Appellant

Apelante, Appellant

Apelar, Appeal

Apellido, Last name

Aplazamiento, Continuance

Aplazamiento, Postponement

Aplazamiento del fallo, Stay of adjudication

Aplazar, Continue

Aplazar, Defer

Aplazar, Set over

Aplicar (la ley), Apply to

Aprobación, Approval

Aprovecharse de alguien, Advantage

Apuñalar, Stab

Arbitraje, Arbitration

Arbitro, Referee

Argumentar, Argue

Argumento final, Closing argument

Arma, Weapon

Arma de fuego, Firearm

Arma escondida, Weapon, concealed

Arma homicida, Murder weapon

Arma letal , Deadly weapon

Arma letal, Weapon, deadly

Arreglo, Arrangement

Arreglo justo, Fair settlement

Arrendador, Landlord

Arrestar, Arrest

Arresto domiciliario, House arrest

Arriesgo imprudente, Reckless endangerment

Artículo, Item

Asalto, Holdup

Asalto, Robbery

Asalto agravado, Assault, aggravated

Asegurado, Insured

Asentar bajo presunción judicial que..., Take judicial notice of

Asesinato, Murder

Asesino en serie, Serial killer

Asesor, Counselor

Asesoría jurídica, Legal Services

Aseveración legal, Legal contentions

Asignar/asignación, Allocate(d)

Asistencia jurídica, Legal Aid

Asistencia Médica, Medical Assistance

Asistencia pública, Public assistance

Asistir e instigar, Aid and abet

Asunto, Matter

Asunto de importancia, Significant issue

Atención Médica, Health care

Atraco de un banco, Bank robbery

Atraer con engaño, Lure

Audiencia, Hearing

Audiencia anterior al juicio, Pretrial

Audiencia de lectura de cargos, Arraignment

Audiencia de mitigación, Mitigation hearing

Audiencia de resolución, Settlement conference

Audiencia de revisión, Review hearing

Audiencia disputada, Hearing, contested

Audiencia general, Omnibus hearing

Audiencia justa, Fair hearing

Audiencia para fundamentar una causa, Show Cause hearing

Audiencia para imponer la pena, Sentencing hearing

Audiencia preliminar, Preliminary hearing

Audiencia probatoria, Evidentiary hearing

Ausencia injustificada, Truancy

Auto de ejecución, Writ of execution

Auto estima, Self-worth

Auto extraordinario, Prerogative writ

Autoincriminación, Self-incrimination

Autor, Perpetrator

Autoridad, Authority

Autorización, Authorization

Avalar, Endorse

Aviso, Notice

Aviso público, Public notice/warning

Ayuda del gobierno, General Assistance

B

Bajar del estrado, Stand down

Bajo juramento, Under oath

Bajo palabra, Own recognizance

Bajo palabra, Personal recognizance

Bajo pena de, Under penalty of

Bajo sospecha de Juramentar, Suspected of Swear

Banco, Bench

Basado en, Based on

Base, Rationale

Bebé, Infant

Beneficio mutuo, Mutual benefit

Beneficios para veteranos, Veteran's benefits

Biblioteca jurídica, Law Library

Bien fundado, Well grounded

Bienes, Assets

Bienes, Property

Bienes conyugales , Marital property

Bienes de capital, Principal assets

Bienes muebles del hogar, Household goods

Bienes no conyugales, Non marital property

Bienes raíces, Real estate

Bienestar, Welfare

C

Cadena de custodia, Chain of custody

Cadena perpetua, Life imprisonment

Cadena perpetua, Life sentence

Calendario, Schedule

Cambio de declaración, Change of plea

Cambio de jurisdicción/ de competencia territorial, Change of venue

Cantidad, Amount

Capacitado, Qualified

Cárcel, Jail

Cárcel de menores, Juvenile hall

Cárcel del condado, County jail

Cargo adicional, Surcharge

Casado(a), Married

Caso, Case

Castigo malintencionado (o castigo excesivo) de un niño, Malicious punishment of a child

Catálogo de precios para vehículos, Blue Book

Cateo y decomiso, Search and Seizure

Caución, Bail bond

Causa impugnada, Contested case

Causativo, Causation

Celebrar una audiencia, Hold a hearing

Censura, Censorship

Centro de despacho, Dispatch center

Centro de detención para adultos, Adult Detention Center

Centro de rehabilitación, Halfway house

Centro gubernamental, Government Center

Certificado, Certificate

Certificado, Certified

Certificar, Certify

Certiorari, Certiorari

Cesar y desistir, Cease and desist

Circunstancias agravantes, Aggravating circumstances

Circunstancias agravantes, Circumstances, aggravating

Circunstancias atenuantes/mitigantes, Mitigating circumstances

Circunstancias extraordinarias, Extenuating circumstances

Circunstancias mitigantes, Circumstances, mitigating

Citación, Ticket

Citado, Summoned

Citar, Cite

Citar, Summon

Citatorio, Citation

Clemencia, Clemency

Co-acusado, Co-defendant

Coartada, Alibi

Cobertura, Coverage

Cobro de intereses, Interest charging

Cocaína, Blow

Cocaína, Cocaine

Código de identificación bancario, Routing Number

Colegio de Abogados, Bar association

Cometer, Commit

Comisaría, Police Station

Comisario, Commissioner

Compañero de cuarto, Roommate

Comparecencia, Appearance

Comparecer, Appear

Compensación, Offset

Compensación tributaria, Tax offset

Competencia federal, Federal jurisdiction

Completar satisfactoriamente, Successfully complete

Cómplice, Accessory

Cómplice, Accomplice

Comportamiento extraño, Bizarre behavior

Con factores (o circunstancias) agravantes, Aggravating circumstances

Con factores agravantes, Aggravated

Con la venia del tribunal, May it please the court

Con sobreseimiento libre, With prejudice

Con sobreseimiento provisional, Without prejudice

Conceder, Grant

Concentración/nivel de alcohol en la sangre, Blood alcohol level

Concluir la presentación de pruebas, Rest the case

Condena, Sentence

Condena/pena aplazada, Deferred sentence

Condena/pena concurrente, Sentence, concurrent

Condena/pena suspendida, Sentence, suspended

Condenar, Sentence

Condenas/penas consecutivas, Sentences, consecutive

Condición migratoria, Immigration status

Condiciones, Conditions

Condiciones para ser liberado, Conditions of release

Conducir bajo estado de ebriedad, Drunk driving

Conducta sexual delictiva, Criminal sexual conduct

Conferencia previa al juicio, Pre-trial conference

Confesión, Confession

Confidencial, Confidential

Confiscar, Confiscate

Conflicto de interés, Conflict of interest

Conforme a, Pursuant

Conforme a, Pursuant to

Conmutación, Commutation

Conmutar, Commute

Consentimiento, Consent

Consentir, Consent

Consideración, Consideration

Considerando que, Whereas

Considerar, Entertain

Conspiración, Conspiracy

Constituir, Constitute

Consulta en el estrado, Bench conference

Consulta en el estrado, Sidebar

Consultar, Confer

Consultivo, Advisory

Contacto sexual delictivo, Criminal sexual contact

Contaduría, Accounting

Contencioso, Contentious

Contestación, Answer

Contestar a los cargos, Enter

Contra, Versus

Contra-demanda, Counterclaim

Contraer, Incur

Contrainterrogar, Cross-examine

Contrainterrogatorio, Cross examination

Contratar, Hire

Contrato de alquiler, Lease

Contrato de alquiler, Rental agreement

Contravención repetida, Repeat violation

Convenio de declaración de culpabilidad, Plea agreement

Convicto, Convict

Cónyuge, Spouse

Copulación oral forzada, Oral copulation, forced

Corralón, Impound lot

Corredor de la Muerte, Death Row

Corte, Court

Corte Suprema de Justicia, Supreme Court

Costas, Costs

Costos excesivos, Disproportionately high costs

Creencia, Belief

Crianza/criar, Nurturance/Nurturing

Criminal, Felon

Criminal empedernido, Hardened criminal

Criterios, Criteria

Crucero, Intersection

Cuentas por pagar, Payables

Cuerpo del delito, Corpus delicti

Cuestión, Issue

Cuidado, Care

Cuidado de niños, Child Care

Cumplimiento, Compliance

Cumplir, Comply

Cuota de solicitud, Application fee

Curso sobre maltrato intrafamiliar, Domestic abuse classes

Custodia, Custody

Custodio legal, Legal custodian

CH

Chaleco antibalas, Bulletproof vest

Choque y fuga, Hit-and-run

D

Daño intencional, Malicious Mischief

Daños corporales, Bodily harm

Daños físicos y morales, Pain and suffering

Daños y perjuicios, Damages

Darse a la fuga, Flee

De buena fe, Good faith

De desarrollo, Developmental

De hecho, In fact

De procedimiento, Procedural

De tiempo completo, Full time

De una manera profesional, Business like manner

Declaración, Plea

Declaración, Testimony

Declaración de apertura, Opening statement

Declaración de culpabilidad, Guilty plea

Declaración de culpabilidad, Plea of Guilty

Declaración de inocencia, Plea of Innocence

Declaración de no-culpable, Plea of not-guilty

Declaración jurada, Affidavit

Declaración jurada de notificación, Affidavit of Service

Declaración jurada de prejuicio, Affidavit of prejudice

Declaración jurada oral, Deposition

Declarante, Deponent

Declarar, Testify

Declarar culpable, Convict

Declararse, Plead

Declararse culpable/no culpable, Plead guilty/not guilty

Decomisar, Seize

Decomiso, Seizure

Decomiso de bienes, Seizure of assets

Decreto, Writ

Decreto/ sentencia, Decree

Deducción, Deduction

Defensa, Advocacy

Defensa, Defense

Defensa propia, Self-defense

Defensor de oficio, Public defender

Defraudar, Defraud

Dejar pendiente, Reserve

Delincuencia, Crime

Delincuencia juvenil, Juvenile delinquency

Delincuente, Offender

Delincuente sexual, Sexual offender

Delito, Crime

Delito con pena de muerte, Capital offense

Delito de gravedad aumentable, Enhanceable offense

Delito mayor, Felony

Delito mayor a mano armada, Armed felony

Delito menor, Misdemeanor

Delito menor grave, Gross misdemeanor

Delito sexual, Sexual offense

Delito subyacente, Underlying Crime or offense

Delitos de vileza moral, Crimes of moral turpitude

Demanda, Claim

Demanda, Suit

Demanda de menor cuantía, Small Claims

Demandado, Respondent

Demandante, Complainant

Demandante, Plaintiff

Demandar, Sue

Demencia criminal, Criminal insanity

Demostrar, Prove

Denegación, Denial

Denegación injustificada, Wrongful denial

Denegar tiempo de crianza, Deny parenting time

Denegar una petición legal, Deny a motion

Denuncia, Accusation

Denuncia, Complaint

Denuncia penal o civil, Case of action

Denunciar, Accuse

Departamento de recaudación de impuestos, Internal Revenue Service

Departamento de seguridad pública, Department of Public Safety

Departamento de Trabajo de los EE.UU., US Department of Labor

Dependencia, Dependence

Dependencia de sustancias químicas, Chemical dependency

Dependiente, Dependent

Depositar, Post bail

Depredador, Predator

Depredador sexual, Sexual predator

Derecho, Right

Derecho a la última palabra, Right of allocution

Derecho constitucional, Constitutional right

Derecho de portar armas, Right to bear arms

Derechos civiles, Civil rights

Derechos de visita, Visitation rights

Derechos Miranda/constitucionales, Miranda rights

Derechos procesales, Due process

Desacato, Contempt

Desacuerdo, Disagreement

Desahuciar, Evict

Desahucio, Eviction

Desarrollo moral, Moral development

Descuento, Discount

Descuidar, Neglect

Descuido, Carelessness

Desechar, Dismiss

Desempleo, Unemployment

Desestimación de cargos, Dismissal

Desestimado, Dismissed

Desestimar, Dismiss a charge

Desestimar, Overrule

Desestimar con sobreseimiento libre, Dismiss with prejudice

Desestimar con sobreseimiento provisional, Dismiss without prejudice

Despachador, Dispatcher

Despacho del juez, Chambers

Despedir, Terminate

Detector de mentiras, Lie detector

Detector de mentiras, Polygraph

Detenido, Detained

Detenido sin fianza, Held without bail

Determinación, Finding

Deuda, Debt

Deuda sin pagar, Unpaid

Deudor, Debtor

Día de fiesta, Holiday

Dibujo hablado, Composite drawing

Dictar la condena, Pronounce sentence

Diligencia debida, Due diligence

Dirección, Address

Dirección de inmigración y aduanas, Immigration and Customs Enforcement (ICE)

Dirección más reciente , Last known address

Dirigirse a, Address

Discapacitado, Disabled

Discapacitado, Handicapped

Disolución, Dissolution

Disolución sumaria, Summary dissolution

Disparar, Fire

Disparar, Shoot

Disposición, Disposition

Dispuesto, Willing

Distrito Judicial, Judicial District

Disuasión, Deterrent

Divorcio, Divorce

Doble enjuiciamiento, Double jeopardy

Documento acusatorio, Accusatory instrument

Documento de prueba de la defensa, Defense's exhibit

Documento inculpatorio, Indictment

Documentos de respaldo, Supporting documents

Dolo, Malice

Domicilio, Home address

Duda razonable, Reasonable doubt

Dueño, Owner

.

E

Edad, Age

Edad adecuada, Suitable age

Edad de escuela primaria, Elementary school age

Edificio de los tribunales, Court house

Ejercer, Practice

El abajo firmante, Undersigned

El que reúne los requisitos, Eligibility

Embargar, Garnish

Embargo, Garnishment

Emisión, Issuance

Emitir, Issue

Emitir un veredicto, Render a verdict

Emitir un veredicto, Return a verdict

Emplazamiento, Service of process

Empleador, Employer

Empleo de temporada, Seasonal employment

En ese momento, At that time

En espera de, Pending

En espera del juicio, Pending trial

En estos momentos, At this time

Enfermo mental, Mentally ill

En las actas, On the record

En marcha, Under way

En plena vigencia (de la ley), Full force

En primer grado, First degree

En prisión, Imprisoned

En resumen, Summation

En segundo grado, Second degree

Encarcelar, Commit

Encubrir, Abet

Enfermedad mental, Mental illness

Enfermedad terminal, Terminal illness

Engañoso, Misleading

Enjuiciamiento, Prosecution

Enjuiciamiento postergado, Deferred prosecution

Enjuiciar, Prosecute

Enmendar, Amend

Enmienda, Amendment

Entablar un juicio, Bring an action

Entablar un pleito, File suit

Entablar un proceso legal, Initiate legal proceedings

Entidad de información crediticia, Credit Bureau

Entidades de procuración de justicia, Law enforcement agencies

Entrar sin autorización en propiedad ajena, Trespassing

Entrega o notificación oficial, Service

Entregar oficialmente, Serve

Entrevista de entrada, Intake

Entrevista para determinar la situación/solvencia económica, Financial screening

Enviar, Refer

Escala de costos, Range of costs

Escala normal de condena, Standard sentencing range

Escándalo público, Disorderly conduct

Escopeta, Shotgun

Escribir en letra de molde, Print

Escrito, Brief

Escritura, Deed

Escritura traslativa de dominio, Quit claim deed

Escuela, School

Esposas y grilletes, Handcuffs and leg-irons

Establecido, Prescribed

Establecimiento, Establishment

Estado de cuenta bancaria, Bank statement

Estatuto, Statute

Estipendio, Personal allowance

Estipulación, Stipulation

Estipular, Stipulate

Estorbo, Nuisance Oath

Estudiante que falta a la escuela sin permiso, Truant

Estupro, Statutory rape

Evaluación, Assessment

Evaluación de multa, Penalty assessment

Evidencia circunstancial, Circumstantial evidence

Evidencia directa, Direct evidence

Examen de competencia/capacidad mental, Competency evaluation

Exceder el límite de velocidad, Speeding

Excepción especifica, Limited exception

Excluir una prueba, Suppress evidence

Exención, Exemption

Exhibicionismo, Indecent exposure

Eximir, Exempt

Exonerar, Exonerate

Expediente, File

Exponer, Set forth

Extinción de dominio, Forfeiture of assets

Extorsión, Extortion

Extorsionar, Extort

Extracurricular, Extracurricular

Extradición, Extradition

Extranjero, Alien

Extraoficial, Informal

Extraoficial, Off the record

Extrínseco, Extrinsic

F

Facilitador, Expeditor

Facilitadores de tiempo de crianza, Parenting time expeditors

Facilitar, Facilitate

Factor de riesgo, Risk factor

Fallo, Adjudicating

Fallo, Judgment

Fallo, Rule

Fallo, Ruling

Fallo de posesión, Judgment for possession

Fallo por falta de comparecencia, Default judgment

Falsificación, Count

Falsificación, Forgery

Falta, Petty offense

Falta de comparecencia, Failure to appear

Familia putativa, Step-Family

Fecha de nacimiento, Date of birth

Fecha límite, Deadline

Fedatario, Notary public

Fiador, Bondsman

Fianza, Bail

Fianza garantizada (caución garantizada), Bond

Ficha policial, Booking

Fichar, Book

Firmado ante un fedatario, Notarized

Firmado y juramentado, Subscribed and sworn

Firmar, Sign

Fiscal del condado, County Attorney

Fiscal municipal, City Attorney

Fiscalía del condado, County Attorney's Office

Flagrante, Egregious

Fondos, Funding

Formulario, Form

Fraude, Fraud

Frívolo, Frivolous

Fuerzas Armadas, Armed forces

Funcionario a cargo de la audiencia, Hearing officer

funcionario jefe de un condado, Sheriff

Funcionario judicial, Court officer

Fundamento, Factual basis

Fundamento , Foundation

G

Garantía, Collateral

Garantía, Warranty

Garantía personal, Personal security

Gastos, Expenses

Gastos de vida, Living expenses

Gastos del hogar, Household expense

Gastos mensuales necesarios, Necessary monthly expenses

Gran jurado, Grand Jury

Gravamen, Adjustment

Gravamen, Levy

Gravamen bancario, Bank levy

Guardar silencio, Remain silent

Guardería, Daycare

Guía de aprendizaje, Tutorial

H

Ha lugar, Sustained

Habeas corpus, Habeas corpus

Hacer algo por omisión (o involuntariamente), Inadvertence

Hacer cumplir, Enforce

Hecho, Fact

Hechos en disputa/en desacuerdo, Factual contention

Heredar, Inherit

Herencia, Inheritance

Heroína, Heroin

Hijastro, madrastra, Step-son, mother

Hijo en común, Joint child

Hispano(a), Hispanic

Historial médico, Medical history

Hogar sustituto, Foster home

Homicidio, Homicide

Homicidio culposo, Manslaughter

Homicidio culposo, Vehicular manslaughter

Homicidio vehicular, Vehicular homicide

Honorarios, Fee

Horas extras, Overtime

Huella dactilar, Finger print

Huellas latentes, Latent prints

Huir, Abscond

Huir bajo fianza, Bail jumping

Huir bajo fianza, Jump bail

Hurto, Larceny

Hurto, Theft

Hurto en tiendas, Shoplifting

Hurto menor, Petty theft

I

Identificación por fotografía, Picture identification

Imparcial/Igual, Equitable/Equal

Impedido, Impaired

Impedir, Precluding

Implicar, Implicate

Imponer, Impose

Impreso, Printout

Imprudencia temeraria, Endangerment

Imprudente, Reckless

Impuesto, Tax

Impuesto sobre la renta, Income Tax

Impugnación, Impeachment

Impugnación de testigo, Impeachment of witness

Impugnar, Impeach

In forma pauperis, In forma pauperis

Inadmisible, Inadmissible

Incautar, Impound

Incendiario, Arsonist

Incendio premeditado, Arson

Incentivo, Enticement

Incidental, Incidental

Incriminar, Incriminate

Incumplimiento, Default

Incumplimiento, Noncompliance

Incumplimiento con..., Failure to

Incumplimiento del contrato de arrendamiento/alquiler, Break the lease

Indebido, Undue

Indemnización por accidentes de trabajo, Worker's compensation

Independiente, Independent

Indígena americano, Native American

Indigencia, Indigence

Indigente, Indigent

Individualizado, Individualized

Indulgencia, Leniency

Indulto, Pardon

Indulto absoluto, Pardon extraordinary

Informador, Informant

Informe, Report

Informe acusatorio, Information

Informe acusatorio enmendado, Amended information

Informe de balística, Ballistics report

Informe pre-condenatorio, Pre-Sentence report

Infracción, Infraction

Infracción, Violation

Infracción menor, Petty misdemeanor

Infractor reincidente, Habitual offender

Infractor reincidente, Repeat offender

Ingresos, Income

Ingresos diferidos, Deferred Income

Ingresos Suplementarios del Seguro social, SSI

Inicial, Initial

Iniciales, Initials

Inmigración, Immigration

Inmigrante ilegal, Illegal immigrant

Inminente, Imminent

Inmunidad, Immunity

Inocente hasta que se pruebe su culpabilidad, Innocent until

proven guilty

Inquilino, Tenant

Instalaciones de internación a largo plazo, Long-term placement

facility

Instigar o inducir, Entice

Intacto, Intact

Intencionadamente, Willfully

Intencionado, Willful

Intento, Attempt

Intento de asesinato, Murder attempt

Interés, Interest (stake)

Interés de la justicia, Interest of justice

Interesados del sistema judicial, Criminal justice stakeholders

Intereses devengados, Interest earned

Interno, Inmate

Intérprete de los tribunales, Court interpreter

Interrogatorio directo, Direct examination

Interrogatorio directo, Examination, direct

Interventor, Intervenor

Intoxímetro, Intoxilizer

Intrínseco, Intrinsic

Intrusión, Trespass

Intruso, Trespasser

Invalidar, Vacate

Inversión, Investment

Invertir, Invest

Ir a juicio, Go to trial

IRA (Cuenta particular para la jubilación), IRA (Individual Retirement Account)

J

Jefe de familia, Head of Household

Judicatura, Judiciary

Judicial, Judicial

Juez, Judge

Juez asociado, Associate justice

Juez asociado de la Corte Suprema de justicia, Associate justice of the Supreme Court

Juicio, Trial

Juicio abreviado, Speedy trial

Juicio ante el juez, Bench trial

Juicio civil, Civil action

Juicio hipotecario, Foreclosure

Juicio nulo, Mistrial

Juicio por jurado, Jury trial

Juicio sin jurado, Bench trial/Court trial

Juicio testamentario, Probate

Junta de indultos, Board of Pardons

Junta de revisión disciplinaria, Parole board

Jurado, Juror

Jurado, Jury

Jurado, Petit Jury

Jurado en desacuerdo, Hung jury

Juramentado, Sworn

Juramento, Oath

Jurisdicción, Jurisdiction

Jurisdicción, Venue

Justicia, Justice

Justificado, Warranted

Juzgado familiar, Family court

L

Lastimar, Injure

Latino, Latin

Lavado de dinero, Money laundering

Lectura de derechos, Advice of rights

Legal, Lawful

Legislatura, Legislature

Lesión, Injury

Lesión corporal, Personal injury

Lesión interna en la cabeza, Internal head injury

Lesiones, Battery

Levantar la sesión, Recess

Levantar/suspender la sesión, Adjourn

Ley, Act

Ley, Law

Ley de prescripción, Statute of limitations

Libertad a prueba sin supervisión, Unsupervised probation

Libertad condicional, Conditional release

Libertad condicional, Parole

Libertad condicional, Probation

Libertad incondicional, Unconditional release

Libertad de expresión, Freedom of speech

Libertad de prensa, Freedom of the press

Libertad provisional bajo palabra, Released on own recognizance

Libertad sin condiciones, Unconditional release

Libertad supervisada, Supervised release

Libros de contabilidad, Accounting books

Licencia, License

Licencia de conducir provisional, Provisional license

Límite de velocidad, Speed limit

Linchamiento, Lynching

Línea de sospechosos, Line-up

Lista de casos, Calendar

Lista de causas, Docket

Litigante, Litigant

Litigar, Litigate

Litigio, Lawsuit

Litigio, Litigation

Llegar a un acuerdo, Agreement

Llegar a un acuerdo, Settle

Lo anterior, Foregoing

Lo que antecede, Preceding

Lugar, Location

Lugar de los hechos, Crime scene

M

Magistrado, Magistrate

Mala conducta, Misconduct

Maltratar, Batter

Maltrato de menores, Child abuse

Maltrato físico, Physical abuse

Maltrato intrafamiliar, Domestic abuse

Maltrato mental, Mental abuse

Maltrato sexual, Sexual abuse

Malversación, Embezzlement

Mandamiento judicial, Injunction

Mandato, Mandate

Manejar bajo los efectos del alcohol/Manejar con facultades disminuidas/ Manejar embriagado, DWI/DUI (Driving while intoxicated/Driving while impaired/Driving under the influence)

Manejar bajo los efectos/la influencia del alcohol, DUI

Manejar con descuido/Manejar descuidadamente, Careless driving

Manejar en forma imprudente, Reckless driving

Manifiesto, Conspicuous

Manutención, Support

Manutención de menores, Child Support

Manutención médica, Medical support

Marcar, Check off

Marihuana, Marijuana

Marihuana, Pot

Más allá de toda duda razonable, Beyond a reasonable doubt

Matar a tiros, Shoot to death

Matrimonial, Marital

Mayor beneficio del pueblo, Public's interest

Mediación, Mediation

Mediador, Mediator

Médico forense, Coroner

Menor, Child

Menor, Juvenile

Menores, Children

Mérito, Merit

Merodear con fines delictivos, Loitering with intent

Mesa del consejero, Counsel table

Metanfetamina, Methamphetamine

Ministerio público, Prosecutor

Modificaciones por motivo de discapacidad, Accommodation (in case of disability)

Modificar/modificación, Modify/modification

Molesto, Obnoxious

Monto de los pagos en mora, Arrearage

Moretón, Bruise

Motín, Riot

Motivo fundado, Probable cause

Motivos incorrectos, Improper motives

Muerte cerebral, Brain death

Muerte por negligencia, Wrongful death

Muestra de ADN, DNA sample

Multa, Fine

Multa mínima obligatoria, Minimum mandatory fine

N

Narcóticos, Narcotics

Negar, Deny

Negligencia, Negligence

Negligencia involuntaria, Excusable neglect

Negligencia médica, Medical malpractice

Negligencia profesional, Malpractice

Negociaciones declaratorias, Plea negotiations

Negociar, Negotiate

Niño pequeño, Toddler

Niño pre-escolar, Preschooler

No pertinente, Irrelevant

No reembolsado, Unreimbursed

Nolo contendere, Nolo contendere

Nombrar, Appoint

Nombre de pila, First name

Non compos mentis, Non compos mentis

Normalmente, Usually

Normas (de libertad a prueba), Rules

Normas condenatorias, Sentencing guidelines

Normas jurídicas que rigen la prueba, Rules of Evidence

Notario Público, Civil Law Notary

Notificación, Summons

Notificación de apelación, Notice of appeal

Notificación de consentimiento implícito, Implied consent advisory

Notificación de derechos, Advisement of rights

Notificación de pedimentos presentados, Notice of motions

Notificación de registro, Notice of entry

Notificación debida, Proper notice

Notificación y demanda, Summons and Complaint

Número de caso, Case number

Número de caso o del arrestado, Booking number

Número de expediente, File number

Número de identificación del empleador o patrón, Employer Identification Number

Número de Seguro Social, Social Security Number

O

Objeción, Objection

Objeto de prueba, Exhibit

Obligación, Duty

Obligación de prueba, Burden of proof

Obligación solidaria, Joint and several obligation

Obligado, Obligor

Obligado a, Bound

Obligante, Obligee

Obligatorio, Mandatory

Obligatorio, Required

Obstrucción de acción judicial, Hindering prosecution

Obtener permiso de entrada, Obtain entry

Ofensa, Offense

Ofensa cometida antes de emplazar el juicio, Pretrial offense

Oficina de Estadísticas Laborales, Bureau of Labor Statistics

Oficina de infracciones y multas, Violations bureau

Oír un caso, Hear a case

Ola de crimen, Crime wave

Oponerse, Challenge

Oponerse, Contest

Oponerse a, Object

Orden, Order

Orden de alejamiento, Harassment Order

Orden de alejamiento, No-contact order

Orden de arresto por falta de comparecencia, Bench warrant

Orden de arresto, de aprehensión, Arrest warrant

Orden de cateo, Search warrant

Orden de comparecencia, Subpoena

Orden de comparecer para fundamentar una causa, Show Cause order

Orden de confinamiento civil, Civil commitment

Orden de detención/arresto, Arrest warrant

Orden de manutención, Maintenance order

Orden de protección, Order for protection

Orden de protección, Protection Order

Orden de registro, Search warrant

Orden de restricción, Restraining order

Orden de restricción temporal/provisional, Temporary restraining order

Orden judicial, Court order

Orden judicial, Warrant

Orden judicial de arresto de captura/detención/aprehensión, Bench warrant

Orden para mostrar motivo justificado, Order to show cause

Orden vigente, Existing order

Organización sin fines de lucro, Non-profit organization

Original, Original

P

Padre con o sin tutela, Custodial/Non-Custodial Parent

Padre de custodia, Custodial parent

Padre de familia, Parent

Padre sin tutela, Non custodial parent

Pagadero a, Payable to

Pagado, Paid

Pago, Monthly payment

Pago, Payment

Pago mínimo, Minimum payment

Pagos en mora, Arrears

Para el mayor beneficio del niño, Child's Best Interest

Paradero, Whereabouts

Parcialmente pagado(a), Partially paid

Pariente(s), Relative(s)

Parte, Party

Parte agraviada, Aggrieved

Partes, Parties

Participación proporcional, Proportionate share

Partida, Birth certificate

Partidario, Advocate

Pasivos, Outstanding debts

Paternidad, Paternity

Patria potestad, Custody

Patria potestad, Parental rights

Patrimonio, Estate

Patrimonio neto, Net equity

Pautas, Guidelines

Pautas de distribución de ingresos, Income share guidelines

Pedimento contradictorio, Counter motion

Pedimento por desacato, Contempt motion

Pedir, Ask for

Pedófilo, Pedophile

Pena, Conviction

Pena, Penalty

Pena de cadena perpetua, Life in prison

Pena de muerte, Capital punishment

Pena de muerte, Death penalty

Pena de perjurio, Penalty of perjury

Pena escalonada, Staggered Sentencing

Pena mínima obligatoria, Mandatory minimum sentence

Pena presunta, Presumptive sentence

Pena suspendida, Suspended sentence

Penas/condenas concurrentes, Concurrent sentences

Penas/condenas consecutivas, Consecutive sentences

Pensión, Pension

Pensión Alimenticia, Alimony

Pensión alimenticia, Spousal maintenance

Perder la fianza, Forfeit bail

Pérdida, Loss

Pérdida del dinero usado para fianza por haberse violado las condiciones de la fianza, Bail forfeiture

Periodo de ejercicio, Tenure

Perito, Expert witness

Perito, Witness, expert

Perjurio, Perjury

Permiso, Furlough

Permiso de conducir, Driving permit

Permiso de trabajo, Work furlough

Permiso para salir a trabajar/estudiar, Work/Study release

Permiso para trabajar, Work release

Perpetración, Commission

Perpetrar, Perpetrate

Persona que no reúne los requisitos, Ineligible

Persona responsable de hacer cumplir las condiciones de la fianza, Bail bondsman

Personal, Personnel

Pertenencias/ bienes personales, Personal property

Pertinente, Relevant

Petición, Motion

Petición, Petition

Petición conjunta, Joint petition

Petición legal previa al juicio, Pre-trial motion

Petición para desestimar una causa, Motion to dismiss

Plazo, Installment

Poco razonable, Unreasonable

Poco severo, Lenient

Poder legal, Power of attorney

Póliza de seguro de vida, Life insurance policy

Póliza particular de seguro médico, Private health care coverage

Polvo de ángel, Angel dust

Poner en peligro, Endanger

Poner una trampa, Entrapment

Por acuerdo mutuo, Mutually-agreed upon

Por la presente, Hereby

Por omisión, Inadvertent

Poseer, Own

Posponer, Postpone

Precedentes, Priors

Pregunta sugestiva, Leading question

Prejuicio, Prejudice

Preponderancia de la prueba, Preponderance of evidence

Preponderancia de la prueba, Weight of evidence

Prescindir de, Dispense with

Presentación, Filing

Presentación de prueba, Offer of proof

Presentado, Filed

Presentado, Submitted

Presentar, Submit

Presentar cargos, File charges

Presentar una denuncia, File a complaint

Presidente del jurado, Jury foreman/jury foreperson

Preso, Prisoner

Prestaciones, Benefits

Prestaciones, Fringe benefits

Prestaciones de jubilación, Retirement benefits

Préstamo, Loan

Préstamo estudiantil, Student loan

Prestar juramento, Take an oath

Presunción de inocencia, Presumption of innocence

Presunto, Alleged

Presupuesto, Estimate

Previsto, Scheduled

Prima facie, Prima facie

Prisión, Prison

Privacidad, Privacy

Privación ilícita de libertad, False imprisonment

Privar, Depriving

Privilegio, Privilege

Probar, Proving

Procedimiento, Procedure

Procesar, Prosecute

Proceso, Proceeding

Proceso judicial, Proceedings

Procurador General, Attorney General

Procuraduría, Attorney General's Office

Prófugo, Absconder

Programa de Justicia Alternativa, Diversion Program

Prohibiciones, Restraints

Prohibir, Enjoin

Prometer, Affirm

Prontuario, Arrest record

Prórroga, Deferment

Prórroga, Extension

Prorrogar, Extend

Protección de igualdad, Equal protection

Proveedor de cuidados, Caregiver

Proveedor principal de cuidados, Primary care giver

Provisional, Interim

Prueba, Proof

Prueba clara y contundente, Clear and convincing evidence

Prueba de aliento (para detectar uso del alcohol), Breath alcohol test

Prueba directa, Direct evidence

Prueba esencial, Material evidence

Prueba preliminar de aliento, PBT (preliminary breath test)

Pruebas, Evidence

Pruebas admisibles, Admissible evidence

Pruebas de ebriedad en campo, Field sobriety Test

Pruebas indirectas/circunstanciales, Circumstantial evidence

Pruebas periciales, Forensic evidence

Punible, Punishable

Q

Que conste en actas, For the record

Quebrantar, Break

Quebrantar, Violate

Quiebra, Bankruptcy

R

Rebaja, Reduction

Rebajar, Reduce

Recaudación, Collection services

Recaudación de ingresos, Revenue recapture

Recaudador, Collector

Rechazar una demanda, Dismiss a claim

Reclusión, Imprisonment

Reconocer, Acknowledge

Reconocer, Admit

Reconocimiento de entrega (o notificación), Admission of Service

Recuperación, Repossession

Recursos humanos, Human resources

Recusación, Challenge

Recusación, Recusal

Recusación fundada, Challenge for cause

Recusación perentoria, Peremptory strike or challenge

Recusar, Recuse

Redada, Police raid

Reducir, Abate

Reembolsar, Reimburse

Reembolso, Refund

Reembolso de impuesto sobre la renta, Income tax refund

Referente, Relative

Refutación, Rebuttal

Régimen compensatorio de tiempo de crianza, Compensatory parenting time

Registrar, Enter an order

Registrar, Search

Registrar una declaración, Enter a plea

Registro, Search

Registro médico, Medical record

Regla de exclusión de pruebas, Exclusionary rule

Reglamentos, Rules/Regulations

Rehabilitar, Rehabilitate

Reivindicación, Replevin

Relación, Relationship

Relevante, Significant

Remedio, Remedy

Remitir/Remisión, Remit/remittance

Renuncia de derechos, Waive rights

Renuncia voluntaria, Waiver

Renunciar, Waive

Reparación, Relief

Repaso, Review

Requisito de la caución garantizada, Bond requirement

Residencia, Residence

Residente permanente, Permanent resident

Resistirse al arresto, Resisting arrest

Respecto a, With regard to

Respetar, Abide by

Respetuoso de la ley, Law-abiding

Responder u objetar, Respond or object

Responsabilidad civil, Liability

Responsabilidad civil limitada, Limited liability

Restitución, Restitution

Resumen, Abstract

Retirar el cargo, Drop the charge

Retraso mental, Mental retardation

Retroactivo, Retroactive

Revelación de pruebas, Discovery

Revelar, Disclose

Revisión de fianza, Bail review

Revocación, Revocation

Revocar, Revoke

Robar un vehículo para pasear, Joyriding

Robo a mano armada, Armed robbery

Robo con escalamiento, Burglary

Robo de automóvil, Car theft

Robo de autos con violencia, Carjacking

Robo de vehículo, Auto theft

Ruptura irrecuperable del matrimonio, Irretrievable breakdown of the marriage

S

Sala de deliberación, Jury Room

Sala del tribunal, court room

Salario bruto, Gross wage

Saldar, Pay off

Saldo, Balance

Salud mental, Mental health

Sanción, Sanction

Sancionar, Sanction

Sanciones civiles, Civil penalties

Se levanta la sesión, Court is adjourned

Secretario del tribunal, Clerk

Secuestrar, Kidnap

Secuestro, Kidnapping

Seguir, Monitor

Según, According to

Según, Depending on

Segundo interrogatorio directo, Redirect examination

Segundo nombre, Middle name

Seguro, Car insurance

Seguro, Insurance

Seguro de cobertura de la negligencia profesional, Malpractice insurance

Seguro de vida permanente, Whole life insurance

Seguro de vida universal, Universal life insurance

Seguro médico, Health insurance

Selección, Screening

Sellar el expediente, Seal the records

Sello, Seal

Sentencia sumaria, Summary judgment

Separación, Separation

Separación legal, Legal separation

Separado, Separated

Separar, Sever

Ser declarado adulto, Certify as an adult

Servicio a la comunidad, Community service

Servicio de mediación, Mediation services

Servicio por sentencia, Sentence to service

Servicios de asesoría, Counseling service

Servicios de niñera, Baby sitting

Servicios públicos, Utilities

Sesión, Session

Sin mérito, No merit

Sin seguro, Uninsured

Sin sentido, Wanton

Soborno, Bribe

Soborno, Bribery

Sobredosis, Overdose

Sobrio, Sober

Sociedad anónima de responsabilidad limitada, Limited liability corporation

Solicitante, Applicant

Solicitante, Petitioner

Solicitar, Apply for

Solicitar, Request

Solicitud, Application

Solicitud, Request

Soltero(a), Single

Someter a juicio, Bring to trial

Sospechoso, Suspect

Subsidio por desempleo, Unemployment compensation

Subvención, Grant

Subvención para el cuidado de menores, Child Care assistance

Sueldo neto, Take-home pay

Suficiente, Sufficient

Supervisión, Oversight

Supervisión post liberación, Aftercare

Suponer, Assume

Suposición, Assumption

Suprimir, Strike

Suspender, Stay

Suspendido, Suspended

Suspensión, Adjournment

Sustancia de uso reglamentado, Controlled substance

T

Tachar, Blacken out

Talón de cheque, Pay stub

Taquígrafo, Court reporter

Tasa judicial, Filing fee

Temporal, Temporary

Tener acceso a, Access

Tercero, Third party

Tercero desinteresado, Disinterested Third Party

Términos y condiciones, Terms and conditions

Testamento, Will

Testamento vital, Living Will

Testigo de cargo, Witness, prosecution

Testigo de descargo, Witness, defense

Testigo desfavorable, Adversarial witness

Testigo esencial, Material witness

Testigo hostil, Hostile witness

Testigo hostil, Witness, hostile

Testigo material, Witness, material

Testigo ocular, Eyewitness

Testimonio de oídas, Hearsay evidence

Textualmente, Verbatim

Tiempo compartido, Time share

Tiempo de crianza, Parenting time

Tiene fundamento/no tiene fundamento, Ground/not grounds for

Tipo de caso, Case type

Titulo, Title

Toma de huellas digitales, Fingerprinting

Tomar juramento, Administer the oath to...

Tomar parte en, Participate in

Tomar una declaración jurada a, Depose

Total, Overall

Trabajo por cuenta propia, Self-employment

Transcripción, Transcript

Tránsito, Traffic

Traslado de jurisdicción, Change of venue

Tratamiento para delincuentes sexuales, Sexual offender treatment

Tratar, Address

Tribuna del jurado, Jury box

Tribunal, Tribunal

Tribunal de apelaciones, Appellate Court

Tribunal de conciliación, Conciliation Court

Tribunal de distrito, District Court

Tribunal de la comunidad, Community Court

Tribunal de Menores, Court, Juvenile

Tribunal de menores, Juvenile court

Tribunal de reclamos menores, Small claims court

Tribunal del distrito, Court, District

Tribunal municipal, Municipal court

Trimestre, Quarter

Tutela, Guardianship

Tutela de crianza temporal, Foster care

Tutela física, Physical custody

Tutela legal, Legal custody

Tutor, Custodial

Tutor, Guardian

Tutor ad litem, Guardian ad litem

U

Unidad familiar, Household

V

Valor, Value

Valor actual, Present value

Valor de acuerdo al catálogo de precios para vehículos, Blue Book Value

Valor justo en el mercado, Fair market value

Vandalismo, Vandalism

Vencer, Expire

Verdadero y correcto, True and correct

Veredicto, Verdict

Verificar, Verify

Veterano, Veteran

Vigente, Effect

Vigilancia electrónica en casa, Electronic home monitoring

Violación, Rape

Violación forzada, Forcible rape

Violencia intrafamiliar, Domestic violence

Vivienda, Housing, House

Voluntariamente, Voluntarily

Y

Ya preguntado y contestado, Asked and answered

ABOUT THE AUTHOR

For more than 25 years, José Luis Leyva has been a translator and interpreter in various technical areas. His vast experience in bilingualism has allowed him to interpret for Presidents, Latin American and US governors, ambassadors, CEO's, judges, prosecutors, forensic experts and healthcare professionals. He is also the author of other books, including technical terminology books of the *Essential Technical Terminology* series.

ACERCA DEL AUTOR

Durante más de 25 años, José Luis Leyva se ha desempeñado como intérprete y traductor en diversas áreas técnicas. Su amplia experiencia lingüística lo ha llevado a interpretar para Presidentes de la República, gobernadores latinoamericanos y estadounidenses, embajadores, presidentes de compañías transnacionales, jueces, fiscales, peritos y profesionales del cuidado de la salud. Es también autor de varias obras, entre las que se incluyen los libros de terminología técnica de la serie *Essential Technical Terminology*.

CPSIA information can be obtained
at www.ICGtesting.com
Printed in the USA
LVHW012156140822
725931LV00002B/337